ギター・だ〜いすき③
ギタリストへの入口

新 ギター・メソッド

村治昇・著

12 の基本練習と
目的別練習

GG584
(株)現代ギター社
〒171-0044 東京都豊島区千早 1-16-14

はじめに

　「ギター・だ〜いすき第1集・第2集」で単旋律（メロディー）をマスターした後は、いよいよ"ハーモニー"の練習です。ハーモニーの美しい響きはこれまた格別なものがあります。このメロディーとハーモニーを料理に例えるならば、食べる前にワクワクしたり感動してしまうような見た目の美しさがメロディーで、食べてからその美味しい味わいに酔いしれるのがハーモニーです。いくら見た目が美しくても、味が良くなくてはがっかりしてしまいますし、反対に味は良くても見た目が悪くては、これまた食べたい気持ちが湧いてきません。どちらが欠けてもだめなのです。ですから食べる前の感動が、食べてからさらに増してこそ素晴らしい料理と言えるのです。

　音楽もまったく同じで、いくら美しいメロディーとハーモニーでも、それぞれを単独で聴いたのでは、何か物足りなさが残ってしまいます。その両方が合わさったときにはじめて充実感が備わり、心から大きな感動が湧き起こる音楽が誕生するのです。

　さあ！　この第3集はその美しいハーモニーの入門編です。このハーモニーの練習に含まれる分散して奏するアルペジョも、ギターの美しさを一段と引き出し、素晴らしい効果を上げる奏法です。この技術もしっかりマスターしてください。

　ところで、ハーモニーの練習は、複数の音を押さえたり弾いたりするため、演奏がむずかしくなり、そのためややもすると技術のみに神経が集中してしまい、せっかくのハーモニーを聴けない練習に陥りやすい面を持っています。これでは音楽不在の片手落ちの練習になってしまいます。また、自分の出すハーモニーに美しさを感じられないようでしたら、調律が悪かったり、弦が古かったり、振動が不良の弦だったり、あるいはきたない音で弾いていたりと、何かしら原因があるはずです。ですから美しい響きが得られるまで改善を試みなければなりません。そうしないと先ほども述べた通り、音楽のない練習を積むことになってしまいますので、充分に気をつけなければいけない大切なことです。

　それらのことを心に留めて、ページをめくるごとに、新たな美しさの発見に心をときめかせながら練習を進めてください。

　　　　　　　　　　　　　　　　　　　　　　　　　　　　　　　　　村治　昇

本書の練習を進めるにあたり、併用曲集として「はじめてのギターソロ」及び「デュオで楽しむソロ曲の魅力」（共に現代ギター社・刊）の2冊を併用して練習することをおすすめします。
　なお、本書の解説が「ギターだ〜いすき・第5集」に載っていますので、参考にしてください。

練習項目一覧

■ 基本練習 Ⅰ・開放弦によるコード／開放弦による2音，3音，4音，の和音奏法の導入練習。

■ 基本練習 Ⅱ・開放弦によるアルペジョ／開放弦による2音，3音，4音，のアルペジョ奏法の導入練習。
　　　　　　　＊フレージングの練習

■ 基本練習 Ⅲ・重音／やさしい3度，6度，8度，の導入練習。

■ 基本練習 Ⅳ・左指のトレーニング／左指の独立性を養うトレーニング及びやさしいセーハ・スラーの練習。
　　　　　　　＊やさしい2声曲練習

■ 基本練習 Ⅴ・アルペジョ【1】／ハ長調練習曲により15種類の右手パターンの練習。
　　　　　　　＊各種の拍子練習。

■ 基本練習 Ⅵ・音階／6つの長調，3つの短調の音階と主和音の練習。
　　　　　　　＊各調によるワルツ集

■ 基本練習 Ⅶ・アルペジョ【2】／イ短調練習曲により15種類の右手パターンの練習。
　　　　　　　＊舞曲の練習
　　　　　　　＊速度記号・発想記号に則った練習

■ 基本練習 Ⅷ・終止形／各調主要3和音による終止形とコードネームの練習。
　　　　　　　＊6拍子のリズム練習

■ 基本練習 Ⅸ・アルペジョ【3】／ハ長調練習曲による新たな15種類の右手パターンの練習。
　　　　　　　＊アクセントの練習
　　　　　　　＊2声曲の練習

■ 基本練習 Ⅹ・アルペジョ【4】／イ短調練習曲による新たな15種類の右手パターンの練習。
　　　　　　　＊重音練習

■ 基本練習 Ⅺ・付点音符・3連音符／付点音符・3連音符の基本を練習し，応用曲でさらに定着させる。
　　　　　　　＊3連音符の練習

■ 基本練習 Ⅻ・消音／さまざまな消音法を知り，応用曲で実践練習を行なう。
　　　　　　　＊総合的な応用練習曲

目　　次

基本練習 I 　開放弦によるコード………………………………………………………………… 8
基本練習 II 　開放弦によるアルペジョ………………………………………………………… 9
　　　［フレージング］
　　　　　　No. 1　　メロディー（アグアド）
　　　　　　No. 2　　メロディー（ソル）
　　　　　　No. 3　　メロディー（ソル）
　　　　　　No. 4　　メロディー（ソル）
　　　　　　No. 5　　アレグロ（カルッリ）
基本練習 III 　重音……………………………………………………………………………… 14
基本練習 IV 　左指のトレーニング…………………………………………………………… 15
　　　［やさしい2声］
　　　　　　No. 6　　エチュード（コスト）
　　　　　　No. 7　　エチュード（コスト）
　　　　　　No. 8　　アンダンテ（カーノ）
　　　　　　No. 9　　エチュード（メルツ）
　　　　　　No. 10　エチュード（カルッリ）
　　　　　　No. 11　アンダンティーノ（キュフナー）
　　　　　　No. 12　アンダンティーノ（キュフナー）
基本練習 V 　アルペジョ・ハ長調【1】エチュード（カルッリ）……………………………… 20
　　　［各種の拍子］
　　　　　　No. 13　4/4拍子・アンダンティーノ（カルカッシ）
　　　　　　No. 14　2/4拍子・アレグレット（カルカッシ）
　　　　　　No. 15　2/4拍子・アンダンテ（カルカッシ）
　　　　　　No. 16　3/4拍子・エチュード（カルカッシ）
　　　　　　No. 17　6/8拍子・ロマンス（カルッリ）
　　　　　　No. 18　3/8拍子・ワルツとヴァリエーション（カルッリ）
　　　　　　No. 19　3/8拍子・ワルツとヴァリエーション（カルッリ）
　　　　　　No. 20　3/8拍子・ワルツとヴァリエーション（カルッリ）
基本練習 VI 　スケール………………………………………………………………………… 30
　　　［各調によるワルツ集］
　　　　　　No. 21　ハ長調・金鳳花ワルツ（ビックフォード）
　　　　　　No. 22　ト長調・ワルツ（カルッリ）
　　　　　　No. 23　ニ長調・ワルツ（カルッリ）
　　　　　　No. 24　ニ長調・ワルツ（カルッリ）
　　　　　　No. 25　イ長調・ワルツ（カルカッシ）
　　　　　　No. 26　ホ長調・ワルツ（カルカッシ）
　　　　　　No. 27　ヘ長調・ワルツ（カルカッシ）
　　　　　　No. 28　イ短調・ワルツ（カルカッシ）
　　　　　　No. 29　ホ短調・ワルツ（カルッリ）
　　　　　　No. 30　ニ短調・ワルツ（カルカッシ）
基本練習 VII アルペジョ・イ短調【2】エチュード（カルッリ）……………………………… 40
　　　［舞曲］
　　　　　　No. 31　ギャロップ（カルカッシ）
　　　　　　No. 32　アングレーズ（カルッリ）
　　　　　　No. 33　ファンダンゴ（キュフナー）
　　　　　　No. 34　マーチ（カルカッシ）
　　　［速度記号］
　　　　　　No. 35　アンダンテ・夢見る（ビックフォード）
　　　　　　No. 36　アンダンティーノ（カルッリ）
　　　　　　No. 37　モデラート（カルッリ）
　　　　　　No. 38　アレグレット（アグアド）
　　　　　　No. 39　アレグレット（アグアド）
　　　　　　No. 40　アレグロ・東洋風狂想曲（ビックフォード）
　　　　　　No. 41　アレグロ（ジュリアーニ）

　　　　［発想記号］
　　　　　　　　No. 42　　グラツィオーソ（ジュリアーニ）
基本練習 VIII カデンツァ・終止形 ································ 48
　　　　［6拍子のリズム］
　　　　　　　　No. 43　　ロンド（カルッリ）
　　　　　　　　No. 44　　アレグレット（カルッリ）
　　　　　　　　No. 45　　アレグレット（カルッリ）
　　　　　　　　No. 46　　アレグレット（カルッリ）
　　　　　　　　No. 47　　ロマンス（キュフナー）
基本練習 IX　アルペジョ・ハ長調【3】エチュード（カルッリ）·············· 56
　　　　［アクセント］
　　　　　　　　No. 48　　ワルツ（カルッリ）
　　　　　　　　No. 49　　エチュード（コスト）
　　　　　　　　No. 50　　ワルツ（カルッリ）
　　　　　　　　No. 51　　ロンド（カルカッシ）
　　　　　　　　No. 52　　アレグロ（コスト）
　　　　［2声曲］
　　　　　　　　No. 53　　エチュード（コスト）
　　　　　　　　No. 54　　エチュード（コスト）
　　　　　　　　No. 55　　エチュード（コスト）
　　　　　　　　No. 56　　エチュード（コスト）
　　　　　　　　No. 57　　アンダンテ（ソル）
　　　　　　　　No. 58　　グラツィオーソ（ジュリアーニ）
　　　　　　　　No. 59　　エチュード（コスト）
　　　　　　　　No. 60　　アンダンテ（メルツ）
基本練習 X　アルペジョ・イ短調【4】エチュード（カルッリ）················ 66
　　　　［重音］
　　　　　　　　No. 61　　8度のエチュード（カーノ）
　　　　　　　　No. 62　　6度のエチュード（ソル）
　　　　　　　　No. 63　　3度のエチュード（アグアド）
　　　　　　　　No. 64　　3度のエチュード（アグアド）
基本練習 XI　付点音符・3連音符 ································· 70
　　　　［付点音符］
　　　　　　　　No. 65　　エチュード（アグアド）
　　　　　　　　No. 66　　エチュード（アグアド）
　　　　　　　　No. 67　　マーチ（カルカッシ）
　　　　　　　　No. 68　　エコセーズ（カルッリ）
　　　　　　　　No. 69　　ワルツ（アグアド）
　　　　　　　　No. 70　　ドロローソ（ジュリアーニ）
　　　　［3連音符］
　　　　　　　　No. 71　　アレグレット（ジュリアーニ）
　　　　　　　　No. 72　　モデラート（メルツ）
　　　　　　　　No. 73　　モデラート（メルツ）
　　　　　　　　No. 74　　ロマンス（メルツ）
基本練習 XII　アパガード（消音）································ 78
　　　　［アパガード］
　　　　　　　　No. 75　　アンダンテ・グラツィオーソ（カルッリ）
　　　　　　　　No. 76　　アンダンティーノ（カルッリ）
　　　　　　　　No. 77　　アンダンテ（カルッリ）
　　　　　　　　No. 78　　アンダンテ（メッソニエ）
　　　　［応用曲］
　　　　　　　　No. 79　　ディヴェルティメント・嬉遊曲（カルッリ）
　　　　　　　　No. 80　　ノクターン・夜想曲（ヘンツェ）
　　　　　　　　No. 81　　ロンド（カルッリ）
作曲者紹介 ·· 92

基本練習I・開放弦による Chord（コード・和音）

■ 2音練習

■ 3音練習

■ 4音練習

■ 応用練習

基本練習 II・開放弦による Arpeggio（アルペジョ・分散和音）

■ 2音練習

■ 3音練習

■ 4音練習

■ 応用練習

フレージング (Phrasing)

フレージング／フレーズ（楽句）の区切り方を指す。

○ 演奏上のポイント

フレーズの初めと終わりを意識し，文章の句読点（、や。）に当たる個所がどこかを考えながら演奏する。

No.1 フレージング・1

⌒ はフレーズを表わす記号。

No.2 フレージング・2

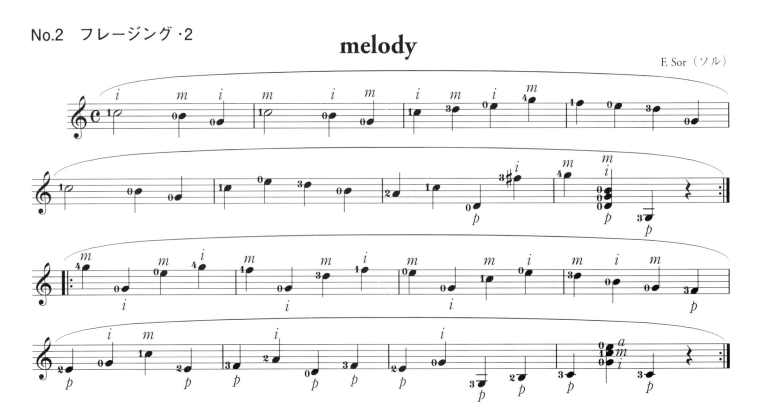

No.3 フレージング・3

melody

F. Sor

前のフレーズの終りの音でもあり，次のフレーズの初めの音でもある。

短かいフレーズなので，ブレス（息継ぎ）をせずに次のフレーズに進む。

No.4 フレージング・4

melody

F. Sor

No.5 フレージング・5（カノン）

Allegro
（アレグロ）

F. Carulli（カルッリ）

カノン（Canon）：1つのメロディーを，数小節遅らせて模倣しながら奏でる作曲様式で，歌では輪唱として親しまれている。

基本練習 III・重音 (Doppelgriff・ドッペルグリフ)

■ 3度音程

■ 6度音程

■ 8度音程

■ いろいろな音程

やさしい2声

○ 演奏上のポイント
1. 上声部,下声部を単独で演奏し,おのおのの音のつながりを覚えてから,全体の演奏に入る。
2. 頭の中で,おのおのの声部の音のつながりを聴き分けながら,演奏を進める。具体的には,音の余韻をよく聴くこと,そして左指の離しが,音価より早目に離れないように細心の注意を払う。
3. ⌣⌣⌣⌣ は音のつながりを聴く。

No.6　やさしい2声・1

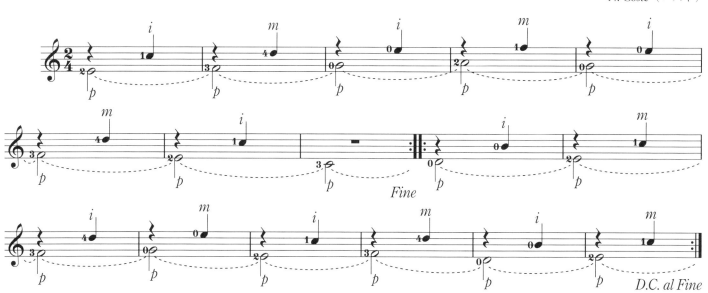

Etude
（エチュード・練習曲）

N. Coste（コスト）

No.7　やさしい2声・2

Etude

N. Coste（コスト）

No.8 やさしい2声・3

Andante
(アンダンテ)

A. Cano（カーノ）

No.9 やさしい2声・4

Etude

J. K. Mertz（メルツ）

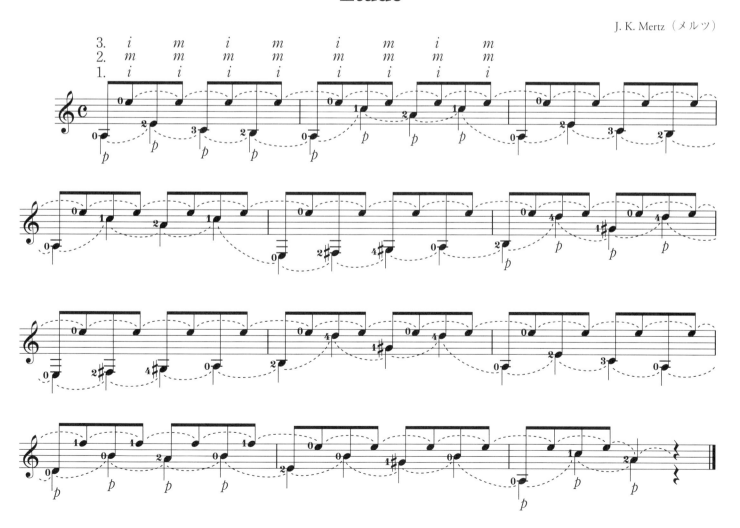

No.10 やさしい2声・5

Etude

F. Carulli

No.11 やさしい2声・6

Andantino
(アンダンティーノ)

J. Küffner(キュフナー)

No.12 やさしい2声・7

Andantino

J. Küffner

基本練習 V・Arpeggio・C dur【1】（アルペジョ・ハ長調）

Etude

F. Carulli

各種の拍子

○ 演奏上のポイント

各々の拍子の基本リズムを、体で感じながら演奏する。また強弱記号を参考にして雰囲気作りを楽しむ。指定の記号にとらわれずに自由な発想を試みてよい。

No.13　各種の拍子・4/4

Andantino

M. Carcassi（カルカッシ）

No.14　各種の拍子・2/4

Allegretto

M. Carcassi

No.15 各種の拍子・2/4

Andante

M. Carcassi

D.C. al Fine（ダ・カーポ・アル・フィーネ）：最初にもどって Fine まで弾いて曲を終る。
Fine（フィーネ）：終りの意。

No.18 各種の拍子・$\frac{3}{8}$

Waltz と Variation
(ワルツとヴァリエーション・変奏)

曲想（曲の雰囲気）を工夫してみましょう。

3/8 拍子は1小節を大きな1拍に感じて演奏する。
各変奏（Var.）は Waltz と同じ tempo で演奏する。
各 *Fine* の後は間を空けずに次の変奏に移る。

No.19 各種の拍子・$\frac{3}{8}$

Waltz と Variation

F. Carulli

No.20 各種の拍子・$\frac{3}{8}$

Waltz と Variation

F. Carulli

Waltz(ワルツ):
第1拍にアクセントを持つ3拍子の舞曲。カルッリやカルカッシは初級・中級用の上品なワルツ曲をたくさん残している。またワルツのリズムは，ショパンのワルツやシュトラウスのウィンナーワルツなど緩急自在で魅力的な名曲を数多く生んでいる。

Variation(ヴァリエーション・変奏曲):
Tema(テーマ)をもとにして，メロディーやリズムやハーモニーを変えたり，あるいは速度を変えたりと工夫を凝らし，第1変奏，第2変奏と発展させていく音楽形式。変奏曲形式による主題と変奏曲には，ソル作曲の〈魔笛の主題による変奏曲 op.9〉を筆頭に，たくさんの名曲が揃っている。

F-dur（ヘ長調）

■ Moll（モール・短音階）

全音 半音 全音 全音 全音 全音 半音 全音 全音 半音 全音 全音 半音 全音
（旋律的短音階）

a-moll（イ短調）

e-moll（ホ短調）

d-moll（ニ短調）

各調によるワルツ集

○ 演奏上のポイント

3拍子のワルツのリズムに乗って，心地良く演奏する。またおのおのの調の持つ響き（雰囲気）を充分に感じて演奏を楽しむ。転調部分は，例えば景色が変わったり，話相手が変わったりと想像を巡らせて，気分を変えて演奏する。

No.21　各調によるワルツ集・C-dur（ハ長調）

転調：他の調子へ移ることを言う。同じ調子記号を持つ平行調や，5度上，5度下の近親調に移ることが多い。

No.22 各調によるワルツ集・G-dur（ト長調）

Waltz

F. Carulli

Fine

D.C. al Fine

No.23　各調によるワルツ集・D-dur（ニ長調）

Waltz

F. Carulli

No.24　各調によるワルツ集・D-dur（ニ長調）

Waltz

F. Carulli

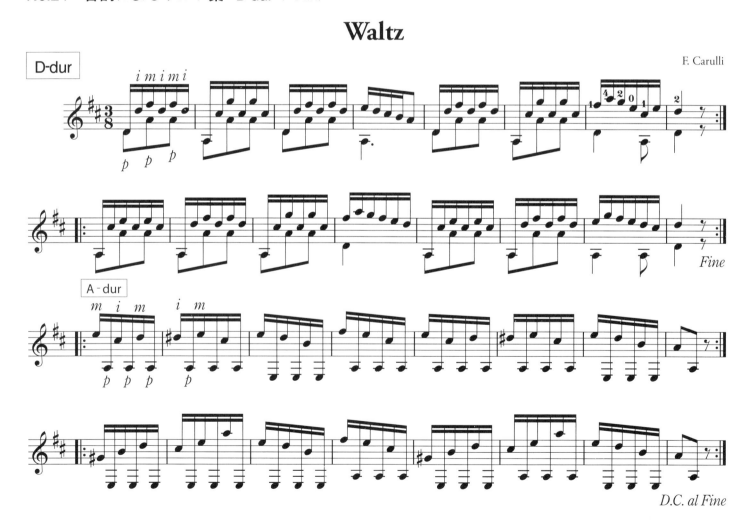

D.C. al Fine

No.25　各調によるワルツ集・A-dur（イ長調）

Waltz

M. Carcassi

No.26 各調によるワルツ集・E-dur（ホ長調）

Waltz

M. Carcassi

✖ ダブル♯：♯の音をさらに半音上げる。

No.27 各調によるワルツ集・F-dur（ヘ長調）

Waltz

M. Carcassi

No.28 各調によるワルツ集・a-moll（イ短調）

Waltz

M. Carcassi

指定の強弱記号で練習した後に，自分の好きな強弱や曲想が浮かんだ時には，自分のオリジナルな発想に変えて演奏を楽しみましょう。
以後の曲においても，自分なりのオリジナリティーを発揮することはすばらしいことです。

No.29 各調によるワルツ集・e-moll（ホ短調）

Waltz

F. Carulli

No.30　各調によるワルツ集・d-moll（ニ短調）

Waltz

M. Carcassi

dolce（ドルチェ）：柔かく，やさしく。
cresc.（クレッシェンド）：しだいに強くする。

基本練習 VII・Arpeggio・a moll【2】(アルペジョ・イ短調)

Etude

F. Carulli

舞曲 (dance)

○ 演奏上のポイント
各舞曲の雰囲気を心で感じながら演奏する。

No.31　舞曲・Galop（速度の速い活気に満ちた輪舞）

No.32　舞曲・Anglaise（18世紀頃に流行したイギリスの舞曲）

No.33 舞曲・Fandango（スペイン・アンダルシア地方の踊りで，フラメンコ音楽の代表的なもの）

Fandango
（ファンダンゴ）

J. Küffner

No.34 舞曲・March（行進曲）

March
（マーチ）

M. Carcassi

速度記号・発想記号

○ 演奏上のポイント
指定の速度や発想を演奏に反映させる。

No.35　速度記号・Andante
（アンダンテ・ゆっくり歩く速さで）

Dreaming
（夢みる）

♩=70 Andante espressivo（エスプレッシーヴォ：表情豊かに）

V. O. Bickford

a tempo もとの速さで

No.36　速度記号・Andantino
（アンダンテより少し速く）

Andantino
（アンダンティーノ）

F. Carulli

♪=86

メトロノームを2拍子で合わせる時には ♩=43。

No.37 速度記号・Moderato（中くらいの速さで）

Moderato
（モデラート）

F. Carulli

メトロノームについて

♩=70 や ♪=90 はメトロノームの速度です。メトロノームの使用は，曲が充分に仕上がり演奏に余裕が出てからにしましょう。また最初から指定のテンポにせず，初めはゆっくりのテンポからスタートし，徐々にテンポを上げていくのが良い練習方法です。

また指定のテンポで演奏することが無理な時には，ひとまず区切りをつけて先に進み，力がついた頃に復習を試みれば良いでしょう。

No.38　速度記号・Allegretto（やや速く）

No.39　速度記号・Allegretto

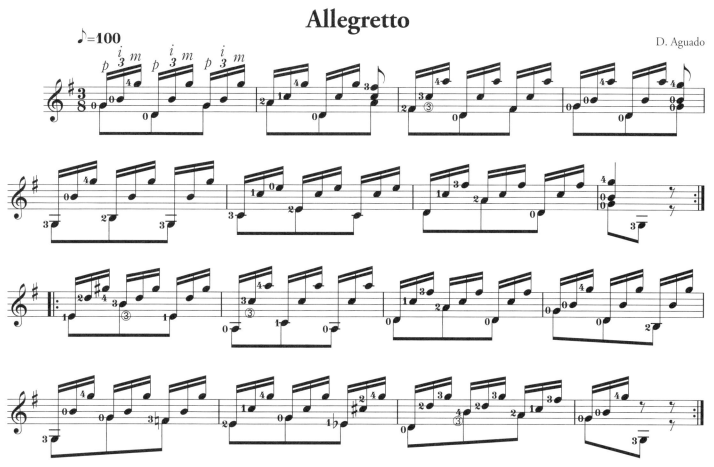

No.41 速度記号・Allegro

Allegro

M. Giuliani（ジュリアーニ）

メトロノームを4拍子で合わせる時には ♩=85。

No.42 発想記号・Grazioso（優雅に）

Grazioso
（グラツィオーソ）

M. Giuliani

基本練習 VIII・Cadenza （カデンツァ・終止形）

6拍子のリズム

○ 演奏上のポイント

Allegretto など速めの曲では，8分音符3つを1拍に数え，1小節を2拍でとる。また，Romanze などゆっくりの曲では，1小節を6拍で数える。

No.43　6拍子のリズム・1

Rondo（ロンド）：主題楽節をA，他の楽節をB，Cとした時，ABACAと主題楽節がたびたび反復される器楽形式。

No.44 6拍子のリズム・2

Allegretto

F. Carulli

D.C. al Fine

No.45 6拍子のリズム・3

Allegretto

F. Carulli

No.46 6拍子のリズム・4

Allegretto

F. Carulli

Fine

D.C. al Fine

No.47 6拍子のリズム・5

Romanze

J. Küffner

(先生)

基本練習 IX・Arpeggio・C dur【3】

Etude

F. Carulli

アクセント (accento)・>

○ 演奏上のポイント
大事な音にアクセントを付け，メロディーやリズムを浮き立たせる。

No.48　アクセント・1

Waltz

F. Carulli

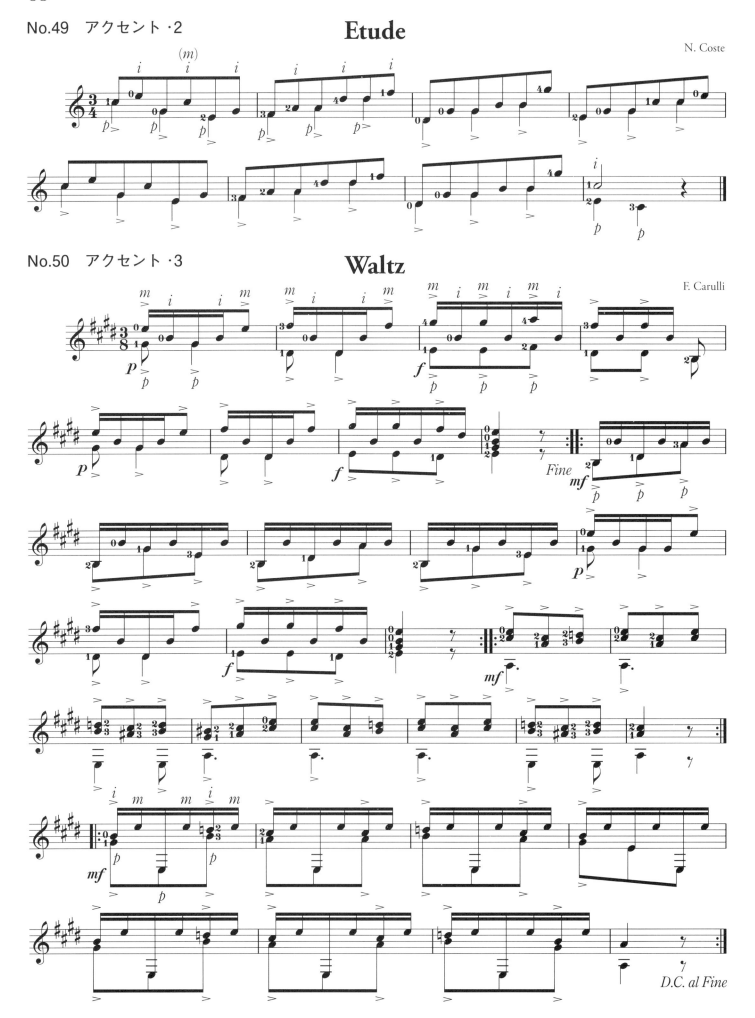

No.51 アクセント・4

Rondo

Allegretto

M. Carcassi

No.52 アクセント・5

Allegro

N. Coste

2 声 曲

○ 演奏上のポイント

上声部，下声部をそれぞれに独立させ，頭の中で2つの流れを響かせる。決して上下混同した1本の流れにならないように注意を払う。

点線 ·······⟶ は開放弦の余韻を聴く，·······▲ は左指の押さえを保つ。

No.53　2声曲・1

Etude
N. Coste

No.54　2声曲・2

Etude
N. Coste

No.55 2声曲・3

Etude

N. Coste

No.56 2声曲・4

Etude

N. Coste

No.57　2声曲・5

Andante

F. Sor

※ 部分的に3声になっています。どの部分か研究しましょう。

No.58 2声曲・6

Grazioso

M. Giuliani

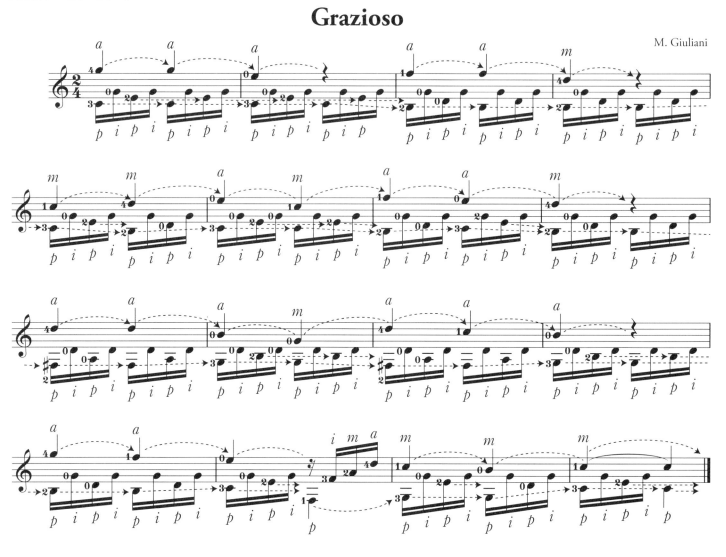

No.59 2声曲・7

Etude

N. Coste

No.60 2声曲・8

Andante

J. K. Mertz

基本練習 X・Arpeggio（a moll）【4】

Etude

F. Carulli

重 音 (Doppelgriff・ドッペルグリッフ)

○ 演奏上のポイント
分散して弾くときには，前に弾いた音を残したまま次の音を弾き，ハーモニーを生み出す。

No.61　重　音 (octave・オクターヴ・8度)

8度の Etude

A. Cano

No.62 重 音 (sixth・6度)

6度の Etude

F. Sor

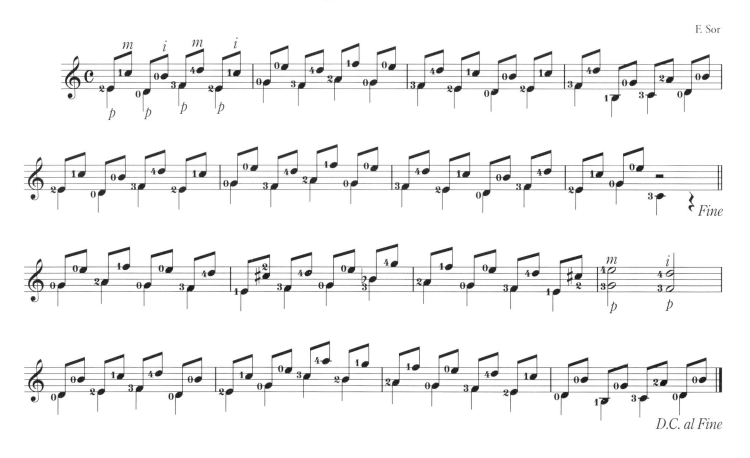

No.63 重 音 (third・3度)

3度の Etude

D. Aguado

No.64 重 音 (third・3度)

3度の Etude

D. Aguado

基本練習 XI・付点音符・3連音符

■ 付点音符

■ 2重付点音符

■ 3連音符

付点音符

○ 演奏上のポイント

　速い曲でははずむようなあるいはスキップするような軽やかな演奏を心がける。ただしゆっくりの曲ではリズミカルになりすぎず，曲趣に合わせたものにする。また，♩♪♪ にならないように注意する。

No.65　付点音符・1

Etude

D. Aguado

No.66　付点音符・2

Etude

D. Aguado

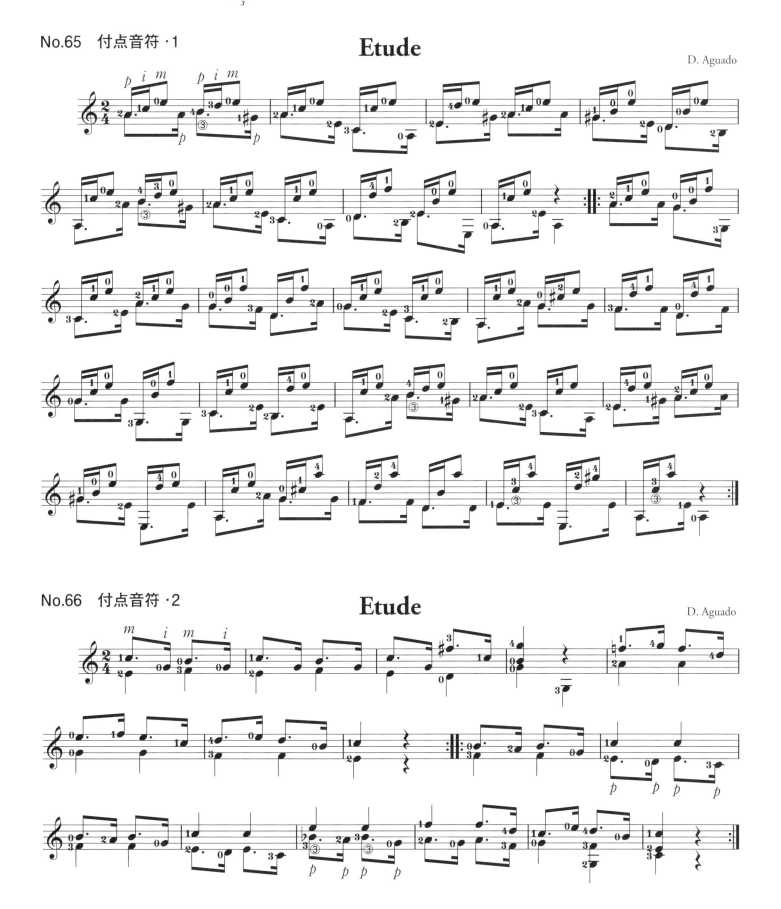

No.67　付点音符・3

March

M. Carcassi

No.68　付点音符・4（Ecossaise・スコットランド舞曲）

Ecossaise
（エコセーズ）

F. Carulli

G#が付点8分音符と2分音符の両方を兼ねている。　　と考えてもよい。

No.69 付点音符・5

Waltz

D. Aguado

No.70 付点音符・6 (Doloroso・痛ましく)

Doloroso
(ドロローソ)

F. Carulli

sf：sforzando（スフォルツァンド）の略で，**sf** のつけられた音を特に強く弾く。

3連音符

○ 演奏上のポイント
共通の1拍のタイムの中に，3連符が納まるようにテンポをとる。

No.71　3連音符・1

Allegretto

M. Giuliani

No.72　3連音符・2

Moderato
(モデラート)

J. K. Mertz

No.73　3連音符・3

Moderato
(モデラート)

J. K. Mertz

No.74 3連音符・4

Romanze

Adagio（アダージョ：ゆるやかに）

J. K. Mertz

基本練習 XII・apagado（アパガード・消音）

A. 右指の消音

1. 弾いた音だけを消音（＊1）

2. 弾いた音と倍音の出ている開放弦を共に消音（＊2）

3. 全弦の消音（＊3）

4. となり合わせの開放弦の消音（＊4）

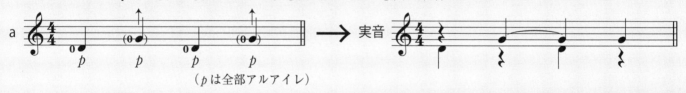

5. 一方の音を弾くと同時に、他方の音を消音（＊5）

(a)

p 指を⑥弦に置きながら上の音を弾く

全弦消音

応用練習（上声部を次のように替える）　(b)　(c)

(d)　*m* 指を①弦に置きながら下の音を弾く

全弦消音

応用練習（上声部を次のように替える）　(e)　(f)

B. 左指の消音

6. 押さえている指の力を抜いて消音（＊6）

休符の位置で力を抜く（弦がフレットから離れるくらいで、指は弦から離さない）

7. 左の各指で消音（＊7）

1の指を伸ばして⑥〜①弦に触れる（強く押しつけると音が出てしまうので要注意）
2・3・4の指でも同様に消音する

8. 4の指で消音（＊8）

4の指を伸ばして⑥〜①弦に触れる

9. 左指を少し倒して押さえ、となりの開放弦に触れて消音する（＊9）

4指を倒してミを消音

3を倒してミを消音　2を倒してミを消音　1を倒してミを消音　2を倒してシを消音　3を倒してソを消音　3を倒してレを消音　3を倒してラを消音

apagado (アパガード・消音)

○ 演奏上のポイント

＊の個所で消音する。＊1や＊3bは基本練習Ⅻの消音項目を指す。なお，消音は余り神経質になりすぎず，技術の向上に合わせてグレードを上げていくのが良い。

No.75　アパガード・1

No.76 アパガード・2

Andantino

F. Carulli

Andante

F. Carulli

No.78 アパガード・4

Andante

J. Meissonnier (メッソニエ)

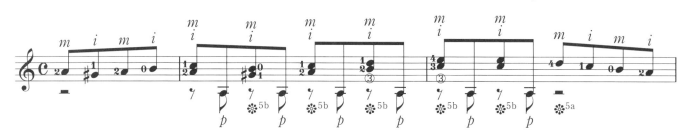

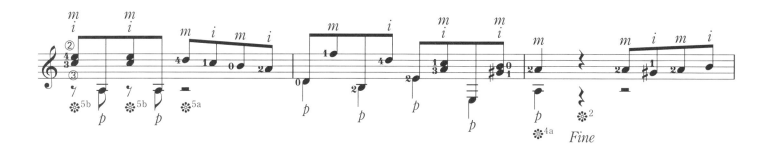
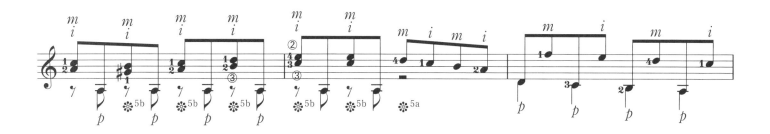
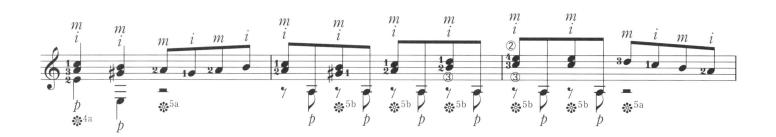

86

応用曲

○ 演奏上のポイント
これまでに学んださまざまな技術を曲の中で応用する。

No.79　応用曲・1

Divertimento
（ディヴェルティメント・嬉遊曲）

F. Carulli

No.81 応用曲・3

Rondo

F. Carulli

sul tasto（スル・タスト）: 19 フレット寄りに右手の位置を移動して，柔らかい音色を出す。
sul ponticello（スル・ポンティチェロ）: ブリッジ寄りに右手の位置を移動して，硬い音色を出す。

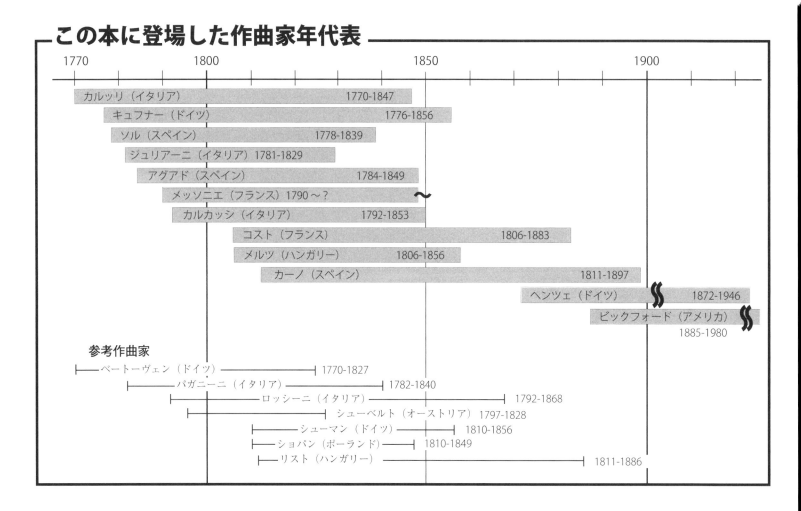

●作曲者紹介

■ F. カルッリ　Ferdinando Carulli（1770 ナポリ生まれ～ 1847 パリ没）

　ナポリでギターを修得した後，1808年にパリに出て活動を始めたが，その非凡な才能は瞬く間に脚光を浴び，演奏家・作曲家・教授と，すべての面で名声を高めるに至った。またギター製作家，フランソワ・ラコートとも親交があり，ギターの性能改善にも大きな貢献を成した。非常な多作家であったため，400曲以上の作品が残されているが，中でもギター二重奏曲は今でもコンサート・プログラムに載り，演奏される機会が多い。

■ J. キュフナー　Joseph Küffner（1776 ビュルツブルグ生まれ～ 1856 同地没）

　父が音楽家であったためギター及びヴァイオリンを学ぶ。同時に法律の勉強も修めたが，音楽家の道を選び成功をおさめた。フルート，ヴァイオリン，ヴィオラ，チェロ，それにギターを加えたトリオやカルテットなど室内楽曲を多く残している。また初歩者用の親しみやすいギターの小品や三重奏曲集は貴重な教材として今なお盛んに使われている。

■ F. ソル　Fernando Sor（1778 バルセロナ生まれ～ 1839 パリ没）

　音楽愛好家であった父の影響を受け，幼くしてすでに非凡な才能を見せていた。その才能はモンセラートの修道院に預けられ，一流の音楽教育を受けたことで大きく開花した。19歳のとき，バルセロナで最初のオペラが上演され，以後オペラ，バレエを主とした作曲活動を始める。1813年パリに出てからは，当時ギターの人気が高かったこともあり，本格的にギターの演奏，作曲活動を始め，瞬く間にギタリストとしての名声を高めた。またギター製作家とも親しく交わり，彼のアドバイスを受けたルイス・パノルモ及びラコートは名工として名を成した。ソルの作品はソナタ，変奏曲，二重奏曲，メヌエット集，エチュード集とどれをとっても名作揃いで，古典ギター曲の最高峰として今なお盛んに演奏されている。

■ M. ジュリアーニ　Mauro Giuliani（1781 バルレッタ生まれ～ 1829 ナポリ没）
　幼少よりヴァイオリンやギターに親しんでいたが，やがてギターに専念するようになり，メキメキと実力をつけていった。20歳になる頃にはイタリアで彼の右に出る者がないほどのヴィルトゥオーゾに成長を遂げた。1800 年よりヨーロッパ演奏旅行に旅立ち，パリなど各地を経た後，ウイーンに長く留まることになる。ウイーンでは多くの貴族や大作曲家のハイドン，ベートーヴェンをはじめとする多くの音楽家と交友を持ち，第一級の演奏家として成功をおさめた。彼の作品は，ソナタ，序曲，ギターを含むアンサンブル曲，歌曲，ギター協奏曲と多岐にわたるが，いずれの作品も華やかなテクニックを駆使しており，作者自身の卓越したヴィルトゥオーゾぶりが表われている。

■ D. アグアド　Dionisio Aguado（1784 マドリッド生まれ～ 1849 同地没）
　マドリッドにおいてバシリオ神父にギターを学び，やがて実力をつけたアグアドは練習曲集及びギター教本を出版し，教育家としても高い評価を得るようになった。1825 年にパリに出て活動を始めた際，ソルとの出会いがあり，友情を深めることになる。ソル作曲の有名な二重奏曲〈二人の友 Op.41〉はアグアドと弾くために作曲され，第 2 ギターの下にはアグアドの名が記されている。1838 年故郷マドリッドに戻り，教育家として尊敬されながら終生を過ごした。

■ J. メッソニエ　Joseph Meissonnier（1790 マルセーユ生まれ～没年不明）
　ジョセフは，7 歳上でギタリストの兄，アントアーヌよりギターの指導を受けた。ギタリストに成長した後，兄弟でパリに出て活動を始める。パリではカルカッシと親友になった。兄のアントアーヌは出版社を興し，カルカッシ作品の普及に力を注いだ。また自作のギター曲〈3 つのロンド〉をカルカッシに献じているのを見ても，カルカッシの信奉者であったことが窺える。ジョセフはギターの活躍と共に兄が興した出版事業を受け継いでいたが，健康を害したため 1855 年に引退し，その後の消息は伝わっていない。

■ M. カルカッシ　Matteo Carcassi（1792 フィレンツェ生まれ～ 1853 パリ没）
　フィレンツェで幼少よりギターを習い，10 代の後半にはすでに名の知れた弾き手に成長していた。ドイツなど国外の演奏でさらに名声が高まると，パリに拠点を移し，パリ・ロンドン間を何度も行き来する多忙な演奏活動を繰り返すようになった。その後もヨーロッパ主要都市を何度も訪問し，演奏会を開いていることを見ると，当時相当に人気の高いギタリストであったことが分かる。また彼の名を不滅なものにしたのは，初歩者用の「カルカッシ教則本」，及び中・上級者用の「25 の練習曲」の出版で，この 2 冊はギターのバイエルとして全世界のギター練習生に，今でも広く活用されている。

■ N. コスト　Napoleon Coste（1806 フランス・ドーブ県生まれ～ 1883 パリ没）
　軍人の家庭に生まれたが，11 歳の時に重病にかかり長い療養生活を送ったため進路を変え，ギター愛好家であった母親の影響を受けてギタリストの道を歩み始めた。そして 18 歳頃にはすでに教授，演奏家としての実力を備えていた。その後当時多くのギタリストが集うパリに出て，そこでカルッリ，ソル，アグアド，カルカッシなどの名ギタリスト達と知り合ったが，中でもソルに心酔しその教えを受けた。コストは 7 弦ギターも使用したので，7 弦用のギター曲も残っている。

■ J.K. メルツ　Johann Kaspar Mertz（1806 プレスブルグ生まれ～ 1856 ウイーン没）
　メルツの家庭は裕福でなかったため，独学でギターとフルートを学び，20 歳からはその両方で教授をしながらさらに研鑽を積む。1840 年ウイーンに出て演奏会を開いたが，その卓越した演奏は高い評価を得，ウイーン宮廷ギタリストに迎えられ，恵まれた生活を手にした。1846 年以後は持病の神経痛に悩まされ，回復後に開いた演奏会は成功したものの，オーストリアの暴動やハンガリーの革命に会って貧困に喘ぐなど，波瀾に富んだ生涯を送った。またメルツは 10 弦ギターを使用したことでも知られる。

■ A. カーノ　Antonio Cano（1811 ムルシア生まれ〜 1897 マドリッド没）
　外科医の息子として生まれたため，外科の勉強と平行して好きな音楽の勉強も続ける。ギターはアグアドの教本を使って勉強したが，その後マドリッドに出てから本格的な勉強を始める。外科医の資格を得た後，故郷に帰り数年間を医者としての生活を送ったが，1847 年再びマドリッドに行った際，アグアドよりギタリストになることを強く勧められ，その道に進むことを決心する。それからはスペイン，フランス，ポルトガルの各都市での演奏を成功させ，1858 年スペイン宮廷付きギタリストになる。1874 年からは国立ろうあ学校の教授となり終生これを続けた。

■ C. ヘンツェ　Carl Henze（1872 ベルリン生まれ〜 1946 ポツダム没）
　ベルリンでギターを修得したヘンツェは，主にマンドリン合奏団に係わって活動の場を持った。1891 〜 1896 年ファザーノの著名なマンドリン六重奏団と共に，ドイツ，ベルギー，オランダ，フランス，イギリス，スイス各地で演奏。1896 年にはベルリンに移住し，150 人のメンバーを擁するマンドリンとリュート合奏団を結成。また 1900 年に生まれた息子ブルーノには熱心にギターの指導をし，後にブルーノは演奏，指揮，作曲，教授で活躍する音楽家となった。

■ V.O. ビックフォード　Vahdan Olcott Bickford（1885 ノーウォーク生まれ〜 1980 ロサンゼルス没）
　ビックフォードは子供の頃から音楽が好きだったので，両親が 9 歳の時から M. フェレールのもとでギターを学ばせた。その後 15 歳でソリストとしてデビューするなど目覚ましい上達を遂げ，ロサンゼルスで教授活動を始める。1915 年ギタリスト兼作曲家ザー・マイロン・ビックフォード(1886-1961)とニューヨークで結婚，それからは 2 人で演奏活動を行なった。以後演奏と共に 2 巻からなる教本や，多くの自作・編曲の出版，またアメリカ・ギター協会の設立に携わるなど，広範な活動を繰り広げた。

修 了 証

　　　　　生徒名＿＿＿＿＿＿＿＿＿＿＿＿＿＿＿＿

　あなたは「ギター・だ～いすき③ギタリストへの入口新ギター・メソッド」を終わりまでよく勉強しました。その努力を讃えます。

　この第3集の勉強でハーモニーの美しさを知ると共に，ソロ曲のレパートリーもきっと増えたことでしょう。

　次の第4集では，上級曲を演奏するために必要なさまざまな技術，例えばスラー・セーハ・トレモロ・装飾音符……など等皆さんにとっては未知の世界への挑戦になります。そしてその努力が音楽のより深い扉を開け，大きな感動に心が満たされるでしょう。

　益々意欲を高め，がんばってください。

　　　　　　　　　　　　　　　　　　　年　　月　　日

　　　　　指導者名＿＿＿＿＿＿＿＿＿＿＿＿＿＿＿＿

村治 昇著・ギター早期才能教育メソッド／テキスト使用順一覧
教本＆併用曲集：現代ギター社刊

① 【ギター・だ～いすき・第1集／楽しいジュニア・ギター・テキスト】 ………………………… （GG432　2,400円＋税10%）
　～4歳から楽しく無理なく進める入門テキスト
② 【こどものためのおもしろギター／ギターってこんなにおもしろい】 改訂新版 ……… （GG558　2,000円＋税10%）
　～第1集で覚えたドレミファソで楽しむアイディア満載のデュオ曲集
③ 【ギター・だ～いすき・第2集／楽しいメロディーの世界】改訂新版 …………………… （GG697　2,800円＋税10%）
　～単旋律マスターの決定版、ギターを自在に操る基礎が養われる
　　　④ 「併用曲集」【はじめてのギター・ソロ／ソロってこんなにおもしろい】 ……… （GG404　2,000円＋税10%）
　　　　～二声による楽しいソロ曲レパートリーを次々とマスター
⑤ 新ギター・メソッド【ギター・だ～いすき・第3集／オリジナル・ギター曲入門編】 … （GG584　2,800円＋税10%）
　～12の目的別基本練習とソル等のオリジナル曲で演奏力を高める
　　　⑥ 「併用曲集」【デュオで楽しむソロ曲の魅力】（～27頁） ……………………… （GG443　2,800円＋税10%）
　　　　～ソロ曲をデュオで演奏し、ソロ曲の仕組みを理解する
⑦ 新ギター・メソッド【ギター・だ～いすき・第4集／ハイテクニック・マスター編】 … （GG282　2,800円＋税10%）
　～トレモロなどさまざまな基礎練習を積むことにより、演奏能力が飛躍的に高まる
　　　「併用曲集」【デュオで楽しむソロ曲の魅力】（28頁～） ……………………… （GG443　2,800円＋税10%）

共通参考読本

⑧ ギター・だ～いすき全4巻解説本【ギター・だ～いすき・第5集／やさしいソルフェージュ付】
　＊第1集～第4集までの解説ほか、上達するための12箇条など子供の指導ポイントが満載
⑨ 【オーケストラと楽しむギター名曲シリーズ】全5刊
　＊マリア・ルイサ（サグレラス）、ハバネラ（アルバ）、カルッリ・ギター協奏曲（アンダンテ イ短調・ロマンス ハ長調・アンダンティーノ イ短調）、F.ソル月光協奏曲（月光 Op.35-22・アンダンテ Op.35-4・ギャロップ Op.32-6）、聖母の御子（リョベート）、各ソロ曲をオーケストラ伴奏で共演が楽しめる夢のハイブリッドCD！

【大人版 ギター・だ～いすき】 ……………………………………………………………………… （GG579　2,200円＋税10%）
　～ギターが初めてという人でも、揃える道具からギターの構え方、右指の弾き方、左指の押さえ方をイラスト付きで、分かりやすく解説

22世紀アート（電子書籍）（☎ 03-5941-9774）
ギター早期才能の磨き方　作家・井上ひさし先生ご推薦
　＊子供の夢の叶え方、伸びる子を育てる方法論、レッスン日記エピソード、など豊富な内容

村治 昇プロフィール

1943年生まれ。1963年故・大沢一仁氏に師事。1970年大沢教授よりマドリード王立音楽院準拠ギター教授認定証を授かる。1978年以降、自分の子供たちへの教育がきっかけとなり、ギター早期才能教育を研究実践、その成果は村治佳織、村治奏一の世界的な活躍として開花する。その後も、村治 昇ギター早期才能教育教室からは次々と未来を担う優秀な人材が育っている。
　一方、日本スペインギター協会、日本ジュニアギター教育協会では長年にわたり中心的な役割や、その発展に大きく貢献してきた。

ギターだ～いすき③
ギタリストへの入口
新ギター・メソッド

村治 昇・著

GG584

定価3,080円
[本体2,800円＋税10%]

1999年4月30日初版発行　2025年4月15日第6版発行
発行元 ● ㈱現代ギター社　〒171-0044 東京都豊島区千早1-16-14
☎ 03-3530-5343　FAX 03-3530-5405
無断転載を禁ず
印刷 ● シナノ印刷株式会社　版下 ● 株式会社 神野浄書技研
コード番号 ● ISBN978-4-87471-584-0 C3373 ¥2800E
© Gendai Guitar Co., Ltd.
1-16-14 Chihaya, Toshima-ku, Tokyo 171-0044, JAPAN
1st edition : April 30th, 1999, 6th edition : April 15th, 2025
Printed in Japan

楽譜や歌詞・音楽書などの出版物を権利者に無断で複製（コピー）することは、著作権の侵害（私的利用など特別な場合を除く）にあたり、著作権法により罰せられます。また、出版物からの不法なコピーが行なわれますと、出版社は正常な出版活動が困難となり、ついには皆様方が必要とされるものも出版できなくなります。
音楽出版社と日本音楽著作権協会（JASRAC）は、著作者の権利を守り、なおいっそう優れた作品の出版普及に全力をあげて努力してまいります。どうか不法コピーの防止に、皆様方のご協力をお願い申し上げます。

㈱現代ギター社
（社）日本音楽著作権協会